T0054728

# SOY DEL SUR, VENGO DEL SUR. ESQUINA DEL ATLÁNTICO Y EL PLATA

akiara books

El discurso de José Mujica se reproduce con su permiso.

Publicado por AKIARA books
Plaça del Nord, 4, pral. 1a
08024 Barcelona (España)
www.akiarabooks.com
info@akiarabooks.com

Primera edición: noviembre de 2019
Primera reimpresión: julio de 2021
Colección: Akiparla, 4
Diseño y coordinación de la colección: Inês Castel-Branco y Jordi Pigem

Este producto está hecho con material proveniente
de bosques certificados FSC® bien manejados
y de materiales reciclados.

Impreso en dos tintas, la tripa en papel reciclado Shiro Echo Blanc de 120 g/m²
y la cubierta en cartulina Kraftliner de 250 g/m².
Se usaron las fuentes Celeste Pro Book, Helvetica Narrow y Franklin Gothic Std.

Impreso en España
@Agpograf_Impressors
Depósito legal: B 24.797-2019
ISBN: 978-84-17440-55-8

# JOSÉ MUJICA

## SOY DEL SUR, VENGO DEL SUR. ESQUINA DEL ATLÁNTICO Y EL PLATA

Comentario de Dolors Camats // Ilustraciones de Guridi

# ÍNDICE

## DISCURSO
**Pronunciado por José Mujica ante la Asamblea
de las Naciones Unidas en Nueva York**

11

## CLAVES DEL DISCURSO

**Un presidente que dice lo que piensa**          45

«Soy del Sur, vengo del Sur»          46

«El presidente más pobre del mundo»          48

Quién, qué y cómo          50

Consumir nos hace menos libres          53

Contra el gobierno de la economía, el gobierno global          55

Contra la ambición y el despilfarro: austeridad y ecología          58

¿Y tú qué piensas?          60

# DISCURSO PRONUNCIADO POR JOSÉ MUJICA ANTE LA ASAMBLEA DE LAS NACIONES UNIDAS

Nueva York, 24 de septiembre de 2013

Amigos todos:

Soy del Sur, vengo del Sur. Esquina del Atlántico y el Plata, mi país es una penillanura suave, templada, pecuaria. Su historia, de puertos, cueros, tasajo, lanas y carne, tuvo décadas púrpuras de lanzas y caballos hasta que por fin, al arrancar el siglo XX, se puso a ser vanguardia en lo social, en el Estado, en la enseñanza. Diría: la socialdemocracia se inventó en el Uruguay.

Durante casi cincuenta años, el mundo nos vio como una especie de Suiza. En realidad, en lo económico, fuimos hijuelos bastardos del Imperio Británico. Y, cuando éste sucumbió, vivimos las amargas mieles de términos de intercambio funestos y quedamos estancados añorando el pasado.

Casi cincuenta años recordando el Maracaná, nuestra hazaña deportiva. Hoy hemos resurgido en este mundo globalizado, tal vez aprendiendo de nuestro dolor. Mi historia personal: la de un muchacho —porque alguna vez fui un muchacho— que, como otros, quiso cambiar su época y su mundo tras un sueño, el de una sociedad libertaria y sin clases. Mis errores en parte son hijos de mi tiempo; obviamente los asumo, pero hay veces que me grito con nostalgia: «¡Quién tuviera la fuerza de cuando éramos capaces de abrevar tanta utopía!».

Sin embargo, no miro hacia atrás porque el hoy real nació en las cenizas fértiles del ayer. Por el contrario, no vivo para cobrar cuentas o reverberar recuerdos. Me angustia —y de qué manera— el porvenir que no veré y por el que me comprometo. Sí, es posible un mundo con una humanidad mejor, pero tal vez hoy la primera tarea sea salvar la vida.

Pero soy del Sur y vengo del Sur a esta asamblea. Cargo inequívocamente con los millones de compatriotas pobres en las ciudades, en los páramos, en las selvas, en las pampas y en los socavones de la América Latina, patria común que se está haciendo. Cargo con las culturas originales aplastadas, con los restos del colonialismo en Malvinas, con bloqueos inútiles a ese caimán bajo el sol del Caribe que se llama Cuba. Cargo con las consecuencias de la vigilancia electrónica,

que no hace otra cosa que sembrar desconfianza, desconfianza que nos envenena inútilmente. Cargo con una gigantesca deuda social y con la necesidad de defender la Amazonia, los mares, nuestros grandes ríos de América.

Cargo con el deber de luchar por patria para todos y para que Colombia pueda encontrar el camino de la paz. Y cargo con el deber de luchar por tolerancia. La tolerancia se precisa para con aquellos que son distintos y con los que tenemos diferencias y discrepamos. No se precisa la tolerancia para los que estamos de acuerdo. La tolerancia es el fundamento de poder

convivir en paz y entendiendo que en el mundo somos diferentes.

El combate a la economía sucia, al narcotráfico, a la estafa y el fraude, a la corrupción, plagas contemporáneas prohijadas por ese antivalor, ese que sostiene que somos más felices si nos enriquecemos sea como sea. Hemos sacrificado los viejos dioses inmateriales y ocupamos el templo con el dios Mercado. Él nos organiza la economía, la política, los hábitos, la vida y hasta nos financia en cuotas y tarjetas la apariencia de felicidad. Parecería que hemos nacido solo para consumir y consumir y, cuando no podemos, cargamos con la frustración, la pobreza y hasta la autoexclusión.

Lo cierto es que hoy, si aspiráramos en esta humanidad a consumir como un americano medio, promedio, son imprescindibles tres planetas para poder vivir. Es decir: nuestra civilización montó un desafío mentiroso, y así como vamos no es posible para todos colmar ese sentido de despilfarro que se le ha dado a la vida. En los hechos se está masificando nuestra época como una cultura siempre dirigida por la acumulación y el mercado.

Prometemos una vida de derroche y despilfarro, que en el fondo constituye una cuenta regresiva contra la naturaleza y contra la humanidad como futuro. Civilización contra la sencillez, contra la sobriedad, contra todos los ciclos naturales, pero peor: civilización contra la libertad que supone tener tiempo para vivir las relaciones humanas, lo único trascendente: amor, amistad, aventura, solidaridad, familia. Civilización contra el tiempo libre, que no paga, que no se compra y que nos permite contemplar y escudriñar el escenario de la naturaleza. Arrasamos las selvas, las selvas verdaderas, e implantamos selvas anónimas de cemento. Enfrentamos al sedentarismo con caminadores, al insomnio con pastillas, a la soledad con electrónica.... ¿Es que somos felices alejados de lo eterno humano? Cabe hacerse esta pregunta. Aturdidos, huimos de nuestra biología que defiende la vida por la vida misma como causa superior y la suplantamos por el consumismo funcional, funcional a la acumulación.

La política, la eterna madre del acontecer humano, quedó engrillada a la economía y al mercado. De salto en salto, la política no puede más que perpetuarse y, como tal, delegó el poder y se entretiene aturdida luchando por el gobierno. Desbocada marcha de historieta humana, comprando y vendiendo todo e innovando para poder negociar de algún modo lo que es innegociable. Hay marketing para todo: para los cementerios, el servicio fúnebre, las maternidades, marketing para padres, para madres, para abuelos y tíos, pasando por las secretarias, los autos y las vacaciones... todo, todo es negocio.

Todavía, las campañas de marketing caen deliberadamente sobre los niños y su psicología para influir
sobre los mayores y tener hacia el futuro un territorio
asegurado. Sobran pruebas de estas tecnologías bas-
tante abominables que a veces conducen a la frustración... y matan.

El hombrecito promedio de nuestras grandes ciudades deambula entre las financieras y el tedio ruti-
nario de las oficinas, a veces atemperadas con aire
acondicionado. Siempre sueña con las vacaciones y la
libertad. Siempre sueña con concluir las cuentas, hasta

que un día el corazón se para y adiós. Habrá otro soldado cubriendo las fauces del mercado, asegurando la acumulación. Es que la crisis es la impotencia, la impotencia de la política, incapaz de entender que la humanidad no se escapa ni se escapará del sentimiento de nación, sentimiento que casi está incrustado en nuestro código genético, de algún lado somos.

Pero hoy, hoy es tiempo de empezar a batallar para preparar un mundo sin fronteras. La economía globalizada no tiene otra conducción que el interés privado de muy pocos y cada estado nacional mira su estabilidad continuista y, hoy, la gran tarea para nuestros pueblos, en nuestra humilde manera de ver, es el todo. Como si esto fuera poco, el capitalismo productivo, francamente productivo, está medio prisionero en la caja de los grandes bancos, que en el fondo son la cúspide del poder mundial.

Más claro, más claro: creemos que el mundo requiere a gritos reglas globales que respeten los logros de las ciencias, pero no es la ciencia la que gobierna el mundo. Se precisan, por ejemplo, una larga agenda de definiciones: ¿cuántas horas de trabajo en toda la Tierra? ¿Cómo convergen las monedas? ¿Cómo se financia la lucha global por agua y contra los desiertos? ¿Cómo se recicla y se presiona contra el calentamiento global? ¿Cuáles son los límites de cada gran quehacer humano? Sería imperioso lograr consensos planetarios para desatar solidaridad hacia los más oprimidos, castigar impositivamente el despilfarro y la especulación, movilizar las grandes economías, no para crear descartables con obsolescencia calculada, sino bienes útiles, sin frivolidades, para ayudar a levantar a los más pobres del mundo. Bienes útiles contra la pobreza mundial. Mil veces más redituable que hacer guerras es volcar un neokeynesianismo útil de escala planetaria para abolir las vergüenzas más flagrantes que tiene este mundo.

Tal vez nuestro mundo necesita menos organismos mundiales, de esos que organizan los foros y las conferencias, que les sirven mucho a las cadenas hoteleras y a las compañías aéreas y que, en el mejor de los casos, nadie recoge ni lo transforma en decisiones. Necesitamos, sí, mascar mucho lo viejo y eterno de la vida humana, junto a la ciencia, esa ciencia que se empeña por la humanidad y no para hacerse ricos. Con ellos, con los hombres de ciencia de la mano, primeros consejeros de la humanidad, establecer acuerdos para el mundo entero. Ni los estados nacionales grandes, ni las trasnacionales ni mucho menos el sistema financiero deberían gobernar el mundo humano. Sí,

la alta política entrelazada con la sabiduría científica. Allí está la fuente. Esa ciencia que no apetece el lucro, pero que mira el porvenir y que nos dice cosas que no atendemos. ¿Cuántos años hace que nos dijeron en Kioto determinadas cosas que no nos dimos por enterados? Creo que hay que convocar a la inteligencia al comando de la nave, arriba de la Tierra.

Cosas de este estilo y otras que no puedo desarrollar nos parecen imprescindibles, pero requerirían que lo determinante fuera la vida, no la acumulación. Obviamente, no somos tan ilusos: estas cosas no pasarán, ni otras parecidas. Nos quedan muchos sacrificios inútiles por delante, mucho remendar consecuencias y no enmendar las causas. Hoy el mundo es incapaz de crear regulación planetaria a la globalización y esto

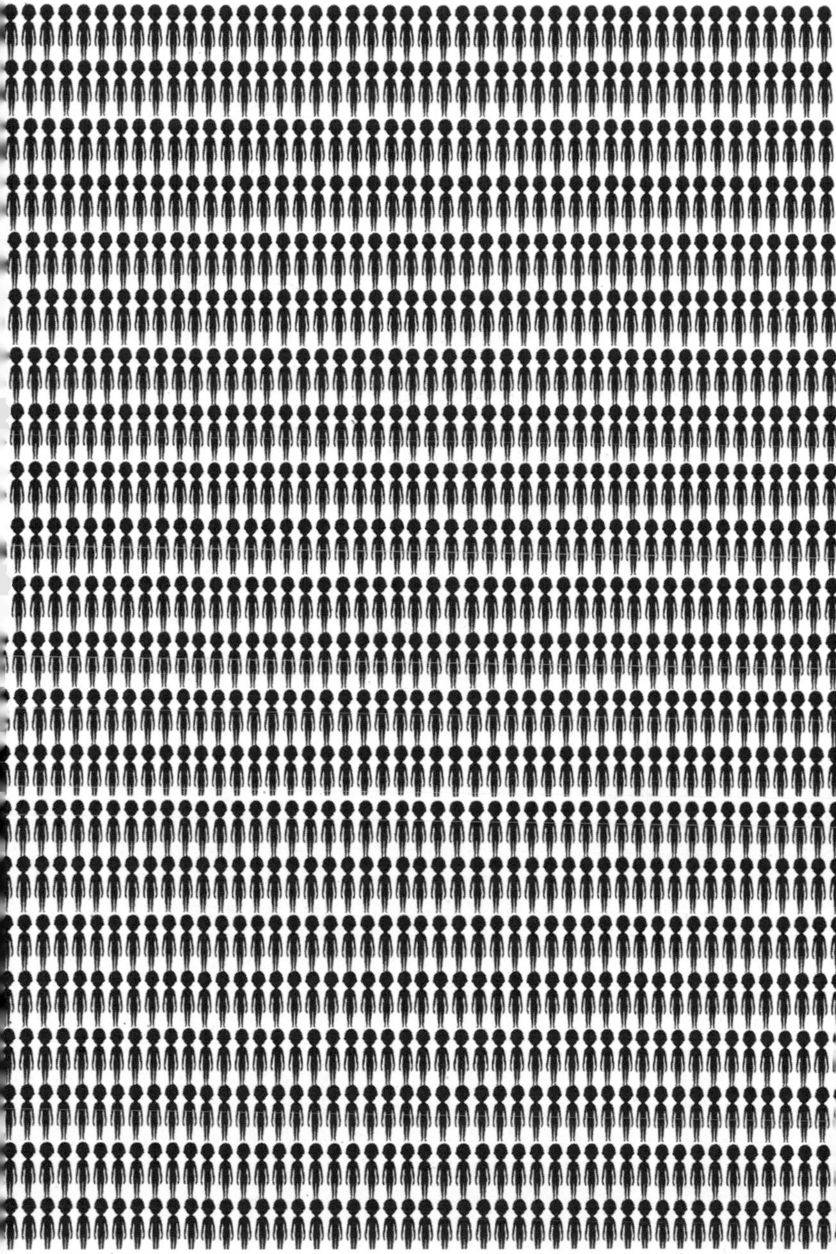

es por el debilitamiento de la alta política (eso que se ocupa del todo). Por un tiempo vamos a asistir al refugio de acuerdos más o menos regionales que van a plantear un mentiroso libre comercio interno, pero que en el fondo van a terminar construyendo parapetos proteccionistas supranacionales en algunas regiones del planeta. A su vez van a crecer ramas industriales de importancia y servicios, todos dedicados a salvar y a mejorar el medio ambiente. Así, nos vamos a consolar por un tiempo, vamos a estar entretenidos. Y, naturalmente, va a con-
tinuar   impertérrita
la  acumulación
para   regodeo

del sistema financiero. Continuarán las guerras y por tanto los fanatismos, hasta que tal vez la naturaleza llame al orden y haga inviable nuestra civilización. Tal vez, señores, tal vez nuestra visión es demasiado cruda, sin piedad, y vemos al hombre como una criatura única, la única que hay arriba de la Tierra capaz de ir contra su propia especie.

Vuelvo a repetir, lo que algunos llaman *la crisis ecológica del planeta* es consecuencia del triunfo avasallante de la ambición humana. Ese es nuestro triunfo, también nuestra derrota, porque tenemos impotencia política de encuadrarnos en una nueva época que hemos contribuido a construir y no nos damos cuenta. ¿Por qué digo esto? Dos datos, nada más: lo cierto es que la población se cuadriplicó y el PBI creció por lo menos veinte veces en el último siglo. Desde 1990, aproximadamente cada seis años se duplica el comercio mundial. Podríamos seguir anotando datos que establecen con claridad la marcha de la globalización.

¿Qué nos está pasando? Entramos en otra época aceleradamente, pero con políticos, atavíos culturales, partidos y jóvenes... todos viejos, ante la pavorosa acumulación de cambios que ni siquiera podemos registrar. No podemos manejar la globalización porque nuestro pensamiento no es global. No sabemos si es una Iimitante cultural o estamos llegando a los límites biológicos. Nuestra época es portentosamente revolucionaria como no ha conocido la historia de la humanidad, pero no tiene conducción consciente; o menos: conducción simplemente instintiva; mucho menos todavía: conducción política organizada, porque ni siquiera hemos tenido filosofía precursora ante la velocidad de los cambios que se acumulaban. La codicia, tan negativa y tanto motor de la historia, eso que empujó hacia el progreso material, técnico y científico, que ha hecho lo que es nuestra época y nuestro tiempo, un fenomenal adelanto en muchos frentes, paradojalmente,

esa misma herramienta,

la codicia que nos em-

pujó a la domesticar

la ciencia y transformarla en tecnología, nos precipita a un abismo brumoso, a una historia que no conocemos, a una época sin historia. Y nos estamos quedando sin ojos ni inteligencia colectiva para seguir colonizando y perpetuarnos transformándonos, porque, si una característica tiene este bichito humano, es que es un conquistador antropológico.

Parece que las cosas toman autonomía y las cosas someten a los hombres. Por un lado u otro, sobran atisbos para vislumbrar estas cosas y en todo caso vislumbrar el rumbo. Pero nos resulta imposible colectivizar decisiones globales por ese todo. Más claro:

la codicia individual ha triunfado largamente sobre la codicia superior de la especie. Aclaremos: ¿qué es *el todo*, esa palabra que utilizamos, para nosotros? Es la vida global del sistema Tierra incluyendo la vida humana, con todos los equilibrios frágiles que hacen posible que nos perpetuemos.

Por otro lado, más sencillo, menos opinable y más evidente, en nuestro Occidente particularmente, porque de ahí venimos, aunque venimos del Sur: las repúblicas nacieron para afirmar que los hombres somos iguales, que nadie es más que nadie, que sus gobiernos deberían representar el bien común, la justicia y la equidad. Muchas veces, las repúblicas se deforman y caen en el olvido de la gente corriente, la que anda por las calles, el pueblo común. No fueron las repúblicas creadas para vegetar encima de la grey, sino, por el contrario, son un grito en la historia para ser funcionales a la vida de los propios pueblos y, por lo tanto, las repúblicas se deben a las mayorías y se deben a luchar por la promoción de las mayorías.

Por lo que fuera, por reminiscencias feudales, que están allí, en nuestra cultura; por clasismo dominador; tal vez por la cultura consumista que nos rodea a todos, las repúblicas frecuentemente en sus direcciones adoptan un diario vivir que excluye, que pone distancia con el hombre de la calle. En los hechos, ese hombre de la calle debería ser la causa central de la lucha política en la vida de las repúblicas. Los gobiernos, los gobiernos republicanos deberían parecerse cada vez más a sus respectivos pueblos en la forma de vivir y en la forma de comprometerse con la vida.

El hecho es que cultivamos arcaísmos feudales, cortesanismos consentidos, hacemos diferenciaciones jerárquicas, que en el fondo socavan lo mejor que tienen las repúblicas que nadie es más que nadie. El juego de estos y otros factores nos retienen en la prehistoria y hoy es imposible renunciar a la guerra cuando la política fracasa. Así, así se estrangula la economía. Derrochamos recursos.

Oigan bien, queridos amigos: en cada minuto del mundo, en cada minuto, se gastan dos millones de dólares de presupuesto militar en esta Tierra, dos millones de dólares por minuto en presupuesto militar. La investigación médica de

todas las enfermedades, que ha avanzado enorme-
mente y es una bendición para la promesa de vivir
unos años más, esa investigación apenas cubre la
quinta parte de la investigación militar. Este proceso
del cual no podemos salir es ciego, asegura odio y
fanatismo, desconfianza, fuente de nuevas guerras
y, esto también, derroche de fortunas.

Yo sé que es muy fácil, poéticamente, autocriticar-
nos nacionalmente, y creo que sería una inocencia en
este mundo plantear que allí existen recursos para
ahorrar y gastarlos en otras cosas útiles. Eso sería posible, otra vez, si fuéramos capaces de ejercitar acuerdos mundiales y prevenciones mundiales de políticas
planetarias que nos garanticen la paz y que nos den a
los más débiles garantías que
no tenemos. Ahí habría

enormes recursos para recortar y atender las mayores vergüenzas arriba de la Tierra. Pero basta una pregunta: en esta humanidad, hoy, ¿adónde se iría sin la existencia de esas garantías planetarias? Entonces, cada cual hace vela de armas y acuerda su magnitud. Y allí estamos, porque no podemos razonar como especie, apenas como individuos.

Las instituciones mundiales particularmente hoy vegetan a la sombra consentida de las disidencias de las grandes naciones, que obviamente, éstas quieren retener su cuota de poder. Bloquean en los hechos a esta ONU que fue creada como una esperanza, como un sueño de paz para la humanidad. Pero, peor aún, la desarraigan de la democracia en el sentido planetario. Porque no somos iguales, no podemos ser iguales en este mundo, donde hay más fuertes y más débiles. Por lo tanto, es una democracia planetaria herida y está cercenada. La historia de un posible acuerdo mundial de paz, militante, combativo y que verdaderamente exista. Y entonces, remendamos enfermedades allí donde hace explosión y se presenta según le parezca a alguna o algunas de las grandes potencias. ¿Los demás?

Miramos desde lejos, no existimos. Amigos, yo creo que es muy difícil inventar una fuerza peor que el nacionalismo chovinista de las grandes potencias. La fuerza, la fuerza que es liberadora de los débiles, el nacionalismo, tan padre de los procesos de descolonización, formidables hacia los débiles, se transforma en una herramienta opresora en las manos de los fuertes, ¡y vaya que en los últimos doscientos años hemos tenido ejemplos por todas partes!

La ONU, nuestra ONU, languidece; se burocratiza por falta de poder y de autonomía, de reconocimiento, sobre todo, de democracia hacia el mundo más débil que constituye la mayoría aplastante del planeta. Pongo un pequeño ejemplo, pequeñín: nuestro pequeño país tiene, en términos absolutos, la mayor cantidad de soldados en misiones de paz de los países de América Latina, desparramados en el mundo y ahí estamos, donde nos piden que estemos. Pero somos pequeños, débiles. Donde se reparten los recursos y se toman las decisiones no entramos ni para servir el café.

En lo más profundo de nuestro corazón existe un enorme anhelo de ayudar a que el hombre salga de la prehistoria. Yo defino que el hombre mientras viva

THINK

con climas de guerra, está en la prehistoria, a pesar de los muchos artefactos que pueda construir. Hasta que el hombre no salga de esa prehistoria y archive la guerra como recurso cuando la política fracasa, esa es la larga marcha y el desafío que tenemos por delante. Y lo decimos con conocimiento de causa: conocemos las soledades de la guerra.

Sin embargo, estos sueños, estos desafíos que están en el horizonte implican luchar por una agenda de acuerdos mundiales que empiecen a gobernar nuestra historia y superar paso a paso las amenazas a la vida. La especie como tal debería tener un gobierno para la humanidad que supere el individualismo y bregue por recrear cabezas políticas que acudan al camino de la ciencia y no sólo a los intereses inmediatos que nos están gobernando y ahogando.

Paralelamente, hay que entender que los indigentes del mundo no son de África o de América Latina. Son de la humanidad, toda, y ésta debe como tal, globalizada, propender a empeñarse en su desarrollo, en que puedan vivir con decencia por sí mismos. Los recursos necesarios existen, están en ese depredador despilfarro de nuestra civilización. Hace pocos días le hicieron ahí en California, en una agencia de bomberos un homenaje, a una bombita eléctrica que hace cien años está prendida. ¡Cien años que está prendida, amigo! ¡Cuántos millones de dólares nos sacaron del bolsillo haciendo deliberadamente porquería para que la gente compre, compre, y compre y compre y compre.

Pero esta globalización, de mirar por todo el planeta y por toda la vida, significa un cambio cultural brutal, que es lo que nos está requiriendo la historia. Toda la base material ha cambiado y ha tambaleado. Los hombres, con nuestra cultura, permanecemos como si no hubiera pasado nada. Y, en lugar de gobernar la globalización, esta nos gobierna a nosotros.

Hace más de veinte años que discutimos la humilde tasa Tobin. Imposible aplicarla a nivel del planeta. Todos los bancos del poder financiero se levantan, heridos en su propiedad privada y qué sé yo cuántas cosas más.

Sin embargo —esto es lo paradojal—, sin embargo, con talento, con trabajo colectivo, con ciencia, el hombre paso a paso es capaz de transformar en verde a los desiertos; el hombre puede llevar la agricultura al mar; el hombre puede crear vegetales que vivan con agua salada. La fuerza de la humanidad, si se concentra en lo esencial, es inconmensurable. Allí están las más portentosas fuentes de energía. ¿Qué sabemos de la fotosíntesis? Casi nada. La energía en el mundo sobra si trabajamos para usarla con ella.

Es posible arrancar de cuajo toda la indigencia del planeta. Es posible crear estabilidad y será posible en

generaciones venideras —si logran empezar a razonar como especie, no solo como individuos— llevar
la vida a la galaxia y seguir con ese sueño conquistador que llevamos en nuestra genética los seres hu-
manos. Pero, para que todos esos sueños sean posi-
bles, necesitamos gobernarnos a nosotros mismos o
sucumbiremos. O sucumbiremos. Porque no somos
capaces de estar a la altura de la civilización que en
los hechos fuimos desarrollando.

Este es nuestro dilema. No nos entretengamos
solo remendando consecuencias. Pensemos en las
causas de fondo, en la civilización del despilfarro, en
la civilización del «use-tire» que lo que está tirando
es tiempo de vida humana, malgastado, derrochando
cuestiones inútiles. Piensen que la vida humana es

un milagro, que estamos vivos por milagro, y nada vale más que la vida. Y que nuestro deber biológico es por encima de todas las cosas respetar la vida e impulsarla, cuidarla, procrearla y entender que la especie es nuestro *nosotros*.

Gracias.

# CLAVES DEL DISCURSO
## Un presidente que dice lo que piensa

Dolors Camats

El 24 de septiembre de 2013 José «Pepe» Mujica intervino durante la reunión anual de los Estados miembros de la Organización de las Naciones Unidas (ONU) en su sede de Nueva York. Era la 68 Asamblea General de esta organización internacional, que había celebrado su primera sesión en la misma ciudad el 10 de enero de 1946, al poco de acabar la Segunda Guerra Mundial, con representantes de cincuenta y un países.

Cuando se inicia el período de sesiones de la Asamblea General, se suele reservar cierto tiempo de los primeros días para intervenciones de los dirigentes de los Estados miembros. Son discursos de tema libre en el que exponen algo que consideran significativo sobre su país y al mismo tiempo de interés general para el resto de países del mundo.

En 2013, Mujica, que a la sazón tenía setenta y ocho años y hacía tres que era presidente de Uruguay, habló durante cuarenta y cinco minutos en su lengua materna, el castellano, ante una sala preparada para acoger a los representantes oficiales de los ciento noventa y tres Estados miembros. No había un lleno total, pero faltaba poco.

Hasta aquí, por lo tanto, la intervención de Mujica entró en lo que está previsto que pueda hacer un jefe de Estado o un representante gubernamental en la ONU. Pero solo hasta aquí.

Porque su discurso no fue como los que se suelen oír en la asamblea de las Naciones Unidas. Ni en el fondo (lo que dijo) ni en la forma (cómo lo dijo).

## «Soy del Sur, vengo del Sur»

Cuentan algunos de los que estuvieron presentes aquel día en la sala plenaria en la que se reúne la Asamblea que, mientras Mujica hablaba, los representantes de los países latinoamericanos sonreían. Les gustó comprobar que no cambiaba su tono cercano ni sus opiniones críticas sobre los efectos del capitalismo, la globalización o el desinterés de los países ante los problemas de la mayoría de la población mundial por el hecho de estar, precisamente, ante los hombres y las mujeres que gobernaban esos países.

Sus colegas latinoamericanos —o, como él les llamó, *compatriotas*—, procedentes de países de América colonizados a partir del siglo XVI por España, Portugal o Francia —y en los que ahora se habla mayoritariamente castellano, portugués o francés—, ya habían oído hablar a Mujica en otros encuentros y sabían que es un hombre que dice lo que piensa, que prefiere comunicar sus reflexiones, por duras que sean, a quedar bien o ser aplaudido. Conocían su vida de película, su compromiso político con la justicia social y la lucha por la igualdad y la libertad; sabían la fuerza que tienen sus palabras, porque las pronuncia alguien que es coherente con lo que piensa, lo que dice y lo que hace.

«Soy del Sur, vengo del Sur». Así empezó su intervención.

No se trata solo de una descripción geográfica, porque, si bien es cierto que Uruguay está en América del Sur, ser y venir del Sur, en el contexto de las Naciones Unidas, significa ser y venir de las regiones pobres del mundo.

Otro uruguayo, el poeta Mario Benedetti, publicó hace treinta años un poema que se hizo muy popular, *El sur también existe*, que más tarde musicó Joan Manuel Serrat. Benedetti también reivindica el Sur como territorio de las naciones empobrecidas, las que, en lugar de tomar sus propias decisiones, tienen que asumir las de otros gobiernos que se aprovechan de sus recursos y su riqueza e intervienen para impedir o cambiar gobiernos escogidos por la población.

El poema empieza así:

> Con su ritual de acero
> sus grandes chimeneas
> sus sabios clandestinos
> su canto de sirenas
> sus cielos de neón
> sus ventas navideñas
> su culto de dios padre
> y de las charreteras
> con sus llaves del reino
> el norte es el que ordena
>
> pero aquí abajo abajo
> el hambre disponible
> recurre al fruto amargo

de lo que otros deciden
mientras el tiempo pasa
y pasan los desfiles
y se hacen otras cosas
que el norte no prohíbe
con su esperanza dura
el sur también existe

## «El presidente más pobre del mundo»

Mujica reivindica que es del Sur. Y reivindica que es de los pobres.

De hecho, durante su mandato como presidente de Uruguay, su estilo de vida sencillo, sin comodidades ni lujos —tan distinto al que suelen tener las personas con responsabilidades de gobierno o poder en las instituciones— hizo que fuera conocido como «el presidente más pobre del mundo».

Cuando le decían esto él contestaba: «Dicen que yo soy un presidente pobre. No, yo no soy presidente pobre. Pobres son los que tienen más, a los que no les alcanza nada. Ésos son los que son pobres, porque se meten en una carrera infinita, entonces no les va a dar el tiempo, ni la vida ni nada.»

Porque Mujica vivía entonces, como sigue haciendo, de forma sencilla y en una pequeña casa en la zona rural de Montevideo, capital del país que presidía, donde se dedica a cultivar el huerto, con su mujer Lucía Topolansky, actual vicepresidenta de la República de Uruguay, y Manuela, una perrita faldera a la que le falta una pata.

Mujica se implicó en la militancia política de muy joven. Más adelante se incorporó al Movimiento de Liberación Nacional — Tupamaros (MLN-T), que toma el nombre del dirigente indígena Túpac Amaru, ejecutado en Cuzco en 1781 por haberse rebelado contra los colonizadores españoles.

Los tupamaros eran un movimiento político, pero también guerrillero, que llevó a cabo acciones violentas como secuestros y atracos. Cuando Mujica, en su discurso, dice: «Mis errores en parte son hijos de mi tiempo», probablemente se refiere a su época de guerrillero, cuando creía que las acciones violentas estaban justificadas para defender sus ideas de justicia social y en contra del gobierno. Mujica acabó herido de bala y preso en una cárcel, de la que huyó al poco tiempo. Pasó a la clandestinidad y vivió escondido como fugitivo, hasta que volvieron a detenerlo.

Siguieron trece años en la cárcel, desde 1972 hasta 1985, no solo como prisionero, sino también como rehén. Durante aquellos trece años, el gobierno militar que había tomado el poder en Uruguay lo retuvo junto con ocho compañeros tupamaros y los fue trasladando a distintas prisiones, en las que estaban en régimen de aislamiento sin poder hablar con nadie y en condiciones infrahumanas, indignas para cualquier persona. Además de la tortura psicológica que supuso aquel cautiverio, hay pruebas que demuestran que fueron objeto de maltrato físico (lo encerraron incluso en un depósito de agua). Estaban detenidos bajo la amenaza de que, si el MLN-T volvía a actuar con violencia, los ejecutarían a ellos en respuesta.

«Esos años de soledad fueron probablemente los que más me enseñaron. Estuve siete años sin leer un libro», dijo años después en una entrevista. «Tuve que repensarlo todo y aprender a galopar hacia adentro por momentos, para no volverme loco».

Cuando en 1985 tanto él como sus compañeros fueron finalmente liberados, ya en plena democracia, Mujica reemprendió la actividad política y fue uno de los impulsores de un partido, el Movimiento de Participación Popular, que originó a su vez un movimiento unitario de partidos de izquierdas, el Frente Amplio, que se autodefine como «progresista, democrático, popular, antioligárquico y antiimperialista».

En esta nueva etapa política, Mujica fue diputado, senador, ministro de Agricultura y, por último, presidente de Uruguay, cargo que ejerció durante cinco años.

Mujica es, por consiguiente, un hombre que procede de la lucha armada radical, de la tortura y de la cárcel, que pasó al compromiso de la militancia política en un partido y dentro de un movimiento más amplio y que ha trabajado para gobernar y modernizar su país y mejorar así la vida de la gente más humilde.

Con toda esta historia detrás, Mujica es el hombre que toma la palabra en septiembre de 2013 en las Naciones Unidas.

## Quién, qué y cómo

En su intervención de casi una hora, Mujica expone, con un estilo personal muy elocuente, el *quién*, el *qué* y el *cómo* de su pensamiento y de las ideas que lo han movido a lo largo de la vida, tanto en la clandestinidad como cuando ejerció de presidente del país.

El *quién*. En nombre de quién habla Mujica, a quién representa y a quién quiere defender.

Mujica habla en nombre de los más desfavorecidos. Cuando era joven, creía que en su país los más desfavorecidos eran los campesinos y los trabajadores, pero después se dio cuenta de que en los países de Latinoamérica, los indígenas desposeídos y las víctimas de todo tipo de violencia y de explotación sufrían condiciones de vida igual de difíciles que él se sentía llamado a cambiar. Por eso nos dice: «Cargo inequívocamente con los millones de compatriotas pobres en las ciudades, en los páramos, en las selvas, en las pampas y en los socavones de la América Latina, patria común que se está haciendo».

Durante el discurso de Mujica en Naciones Unidas, su *quién* acaba siendo la humanidad o, como le gusta decir a él, toda la especie humana. Mujica defiende que hay que respetar y cuidar la vida de todas las personas, tengan el origen que tengan y vivan donde vivan. Por eso hacia el final afirma que hay que hay que «entender que la especie es nuestro *nosotros*».

El *qué*. Las ideas clave de lo que Mujica piensa sobre el funcionamiento del mundo.

Mujica aprovecha la oportunidad de tener de público a los dirigentes mundiales para hacer una crítica incisiva y directa al capitalismo consumista. Lo deja muy claro cuando dice: «Hemos sacrificado los viejos dioses inmateriales y ocupamos el templo con el dios Mercado. Él nos organiza la economía, la política, los hábitos, la vida y hasta nos financia en cuotas y tarjetas la apariencia de felicidad».

Si por *capitalismo* entendemos un sistema económico y social basado en tener (propiedad privada) y en comprar y vender bienes y servicios (mercado), utilizando el dinero (moneda) como fuente de riqueza e intercambio, cuando hablamos de *capitalismo consumista* nos referimos a un sistema caracterizado por un consumo masivo de todo tipo de recursos, productos y servicios, que crea constantemente nuevas necesidades.

El *cómo*. Lo que Mujica propone que hagamos, qué instrumentos necesitamos para cambiar el mundo.

Su discurso es un llamamiento a tomar conciencia, es decir, a darnos cuenta de que nuestra forma de vivir (cómo nos ganamos la vida, en qué gastamos el dinero, qué necesidades o deseos nos vamos creando...) y nuestra organización colectiva (de dónde sacamos los recursos, cómo los gastamos, cómo está distribuida la riqueza en cada país...) tienen efectos en la vida de los demás y del planeta.

Mujica reclama a los representantes de los estados, y a todos nosotros, un compromiso. Que no pensemos solo en nuestros intereses, que no nos quedemos pasivos ante los problemas y las injusticias que nos afectan a todos. Mientras, él comparte su propia manera de vivir y su compromiso político: una vida sencilla que necesita muy pocas cosas y una política que quiere ser cercana y útil a la gente, modificar las causas que originan los problemas y preocuparse por el bien común y las necesidades del planeta, y que no quiere dejarse comprar bajo ningún concepto por la economía o el poder del dinero.

## Consumir nos hace menos libres

«Parecería que hemos nacido solo para consumir y consumir y, cuando no podemos, cargamos con la frustración, la pobreza y hasta la autoexclusión». Mujica defiende que su forma sencilla de vivir está muy ligada a su deseo de ser libre. En otra entrevista afirmaba: «Si tengo pocas cosas, necesito poco para sostenerlas. [...] Por lo tanto, el tiempo que les dedico es el mínimo. ¿Y para qué me queda tiempo? Para gastarlo en las cosas que a mí me gustan. En ese momento creo que soy libre».

Mujica denuncia la paradoja de que en el mundo actual seamos capaces de producir más y mejor, tengamos más capacidad científica y tecnológica y dispongamos de más recursos que en ningún otro momento de la Historia, pero todas estas mejoras y avances, en lugar de hacernos más felices y de servir para solucionar los grandes problemas de la humanidad, lo único que hacen es generar nuevas necesidades que nos provocan más frustración y a su vez hacen crecer las desigualdades entre las personas y las regiones del mundo y conducen a despilfarro de recursos, contaminación y cambio climático.

Una buena forma de entender lo que nos quiere decir es fijándonos en la historia que menciona sobre la bombilla del parque de bomberos de Livermore, en California, que se mantiene encendida desde 1901 (podéis comprobarlo a través de la cámara web que la enfoca permanentemente en www.centennialbulb.org). Fabricada con un material semiconductor y un filamento extragrueso, esta bombilla lleva encendida más de un millón de horas, sin apagarse. Las bombillas de LED más modernas del mercado están programadas para durar aproximadamente cincuenta mil horas, en tanto que las viejas bombillas incandescentes que puede que aún tengamos por casa no duran más de mil horas.

¿Quiere esto decir que hace cien años hacían bombillas mejores que las de ahora? No. Quiere decir que ahora las bombillas, como tantas otras cosas, se diseñan para que al cabo de cierto tiempo (decidido por el fabricante) dejen de funcionar. A esto se le llama *obsolescencia programada*. El objetivo es muy fácil de entender si pensamos en los intereses del fabricante o de la empresa que vende el producto: se busca generar una necesidad en el cliente, que se ve obligado a sustituir el producto por otro nuevo que deberá volver a comprar, lo que hará aumentar los ingresos de la empresa. La finalidad de la obsolescencia no es crear productos de mejor calidad o satisfacer definitivamente nuestras necesidades, sino garantizar que habrá una ganancia económica. Sin olvidar por supuesto que no les importa el despilfarro de recursos, la generación de residuos y la contaminación que se produce. Gran parte de nuestro sistema económico actual se basa en este funcionamiento y Mujica lo denuncia sin rodeos, porque va contra toda lógica y contra la preservación de los recursos naturales y, sobre todo, porque condena a las personas a un consumo innecesario que acaba haciéndolas infelices: «¡Cuántos millones de dólares nos sacaron del bolsillo haciendo deliberadamente porquería para que la gente compre, compre, y compre y compre y compre!».

Mujica también aprovecha para denunciar lo que él considera el despilfarro mayor de todos, el más inútil de todos los gastos inútiles: el gasto en armamento, el gasto militar. Mientras la guerra sea un recurso, dice, la humanidad vivirá en la prehistoria. Hay que pensar en el beneficio del conjunto de la población y no en lo que interesa a uno o varios países. Mujica critica al posicionamiento de las grandes potencias, de los países que controlan el sistema internacional, que tienen poder sobre lo que pasa más allá de sus fronteras e invisibilizan cualquier tema o país que no les interese que se vea.

## Contra el gobierno de la economía, el gobierno global

«Pero hoy, hoy es tiempo de empezar a batallar para preparar un mundo sin fronteras. [...] Más claro, más claro: creemos que el mundo requiere a gritos reglas globales que respeten los logros de las ciencias, pero no es la ciencia la que gobierna el mundo». Mujica nos habla de la necesidad de poner orden a la globalización. Entendemos por *globalización* el proceso que hace que las economías regionales, las sociedades y las culturas de todo el mundo se integren en una red mundial de comunicaciones, transporte y comercio. No hay un liderazgo claro único, pero lo que es evidente es que las grandes empresas multinacionales y los bancos internacionales pueden tomar decisiones que los benefician a ellos pero que afectan directamente a la vida de las personas y a los recursos del planeta. Los gobiernos nacionales ya no pueden impedirlo y a veces incluso ayudan a ejecutar esas decisiones.

Podemos experimentarlo en nuestra vida diaria. Si paseamos por cualquier gran ciudad del mundo, es probable que allá donde vayamos encontremos las mismas tiendas que ya conocemos. Hasta puede que en ellas oigamos la misma música. Pero ¿crees que las condiciones en las que trabajan sus empleados son las mismas en todas partes? ¿Tienen que trabajar las mismas horas para obtener el mismo salario o, por el contrario, los sueldos o las jornadas laborales varían en los distintos países del mundo? Si permitimos que el comercio tenga vía libre, ¿no deberíamos permitir que los derechos de los trabajadores también se internacionalicen?

En su discurso, Mujica reclama un gobierno que tome estas decisiones en el ámbito internacional, que regule lo que afecta a los ciudadanos de todo el mundo teniendo en cuenta sus necesidades reales y no las de las grandes empresas. Ese gobierno debería regirse por la política, basarse en la ciencia y en la lógica y estar al servicio de los intereses generales.

Contra el desgobierno o el mal gobierno de la globalización ya habían alzado la voz otros antes. En 2001, en la ciudad brasileña de Porto Alegre más de 12.000 personas de todo el mundo se reunieron en el primer encuentro del llamado Fórum Social Mundial, preocupadas por los efectos que la globalización tenía en la vida de la gente, en las culturas minoritarias y en el medio ambiente. A partir de la convocatoria del fórum, durante los años siguientes se fue organizando un movimiento alternativo a la globalización de las empresas conocido como *movimiento antiglobalización* o *altermundista*, bajo el lema: «Otro mundo es posible».

El Fórum Social Mundial es un espacio de generación y debate de propuestas alternativas. Una de las primeras y principales propuestas es la exigencia de aplicación de la tasa Tobin, tal como nos recuerda Mujica: «Hace más de veinte años que discutimos la humilde tasa Tobin. Imposible aplicarla a nivel del planeta. Todos los bancos del poder financiero se levantan, heridos en su propiedad privada y qué sé yo cuántas cosas más».

En efecto, la tasa todavía no se ha aplicado, aunque está en discusión no sólo en el movimiento antiglobalización, sino también entre algunos Estados, sobre todo de la Unión Europea y de Latinoamérica.

La idea sería aplicar una tasa o un impuesto por cada transacción financiera (de dinero o de compraventa de divisas, es decir, de moneda extranjera), que se recaudaría a escala internacional (no la recaudaría un solo país). Imaginemos un banco europeo que compra millones de dólares americanos porque el precio de esta divisa es barato, los vende al cabo de unos días (¡o unas horas!) y gana mucho dinero con la venta. La tasa se aplicaría sobre operaciones como esta, y parte del dinero recaudado se utilizaría en beneficio de países en vías de desarrollo o de la lucha contra el cambio climático.

Las propuestas están ahí, esta y otras. Lo que reclama Mujica es una política suficientemente valiente para ponerlas en práctica.

## Contra la ambición y el despilfarro: austeridad y ecología

«Lo cierto es que hoy, si aspiráramos en esta humanidad a consumir como un americano medio, promedio, son imprescindibles tres planetas para poder vivir. Es decir: nuestra civilización montó un desafío mentiroso». ¿Cuáles son los límites de nuestro planeta si seguimos el ritmo de consumo de la población de los países más ricos del mundo? Los límites del agua disponible, de los recursos naturales necesarios para producir todo lo que necesitamos, los alimentos que consumimos, el impacto de nuestras actividades en el aire que respiramos y los efectos que provocamos en el resto de la humanidad que no puede acceder a nuestro nivel de consumo, en el resto de seres vivos del planeta o incluso en el clima...

Mujica nos propone que cambiemos. Que detengamos ese consumo sin sentido y que no deja de crecer, que tampoco nos lleva a la felicidad. Y nos pide que al mismo tiempo actuemos para preservar y cuidar el planeta que tenemos, porque solo hay uno.

Mujica nos propone que vivamos de forma más sencilla, con austeridad.

A consecuencia de la crisis económica que afectó a las economías de los países más ricos y, a su vez, a gran parte del sistema financiero —es decir, los bancos y el sistema económico mundial—, muchos gobiernos de estos países, sobre todo los de la Unión Europea, aplicaron políticas llamadas *de austeridad*. Hace poco más de diez años que este concepto empezó a defenderse como sinónimo de reducir (o recortar) los gastos de los gobiernos, lo que también afectó a las partidas que se invertían en los servicios que ayudan a reducir las desigualdades sociales, es decir, todo lo que contribuye a cubrir las necesidades básicas de las personas (vivienda, sanidad, educación, etc.) con independencia del dinero que tengan.

Pero no es esta la austeridad que defiende Mujica. Él se refiere a la que ya había reclamado otro político muchos años antes. En 1977, Enrico Berlinguer, secretario general del Partido Comunista italiano, pronunció un discurso dirigido a los miembros de su partido. En aquel momento Europa también vivía una situación de crisis económica y Berlinguer defendió la austeridad como elemento central ideal en el modelo de funcionamiento de nuestras sociedades, que nos alejase del modelo económico dominante, que provocaba el despilfarro de recursos energéticos y materiales, un consumo desenfrenado y un individualismo que iba en nuestra contra y contra el bien común. Era el año 1977. ¿No os recuerda esto a lo que dice Mujica treinta y seis años más tarde?

Puede que el tono de su discurso, entre la queja y el «¡basta ya!», tenga mucho que ver con el hecho de que su denuncia de lo que no funciona no es nada nueva.

«¿Cuántos años hace que nos dijeron en Kioto determinadas cosas que no nos dimos por enterados?»

El Protocolo de Kioto es un acuerdo internacional que tiene por objetivo reducir las emisiones de seis gases de efecto invernadero que contribuyen decisivamente al cambio climático. Se firmó el año 1997 en Kioto (Japón) y hasta ahora se han adherido —es decir, se han comprometido a cumplirlo— casi todos los países del mundo. Sin embargo, los principales países emisores de estos gases, Estados Unidos y China, no tienen intención de comprometerse ni de cumplir los acuerdos firmados.

Hay pruebas científicas que demuestran que las actividades humanas de los últimos cincuenta años han contribuido al cambio climático. Estas actividades incluyen sobre todo la combustión del carbón, el petróleo y el gas, la deforestación y la agricultura intensiva .

Ante esto, Mujica nos reclama que cuando tomemos decisiones no nos dejemos guiar por la acumulación o por el consumo sino que pensemos en nosotros, y en preservar y cuidar la vida

## ¿Y tú qué piensas?

El discurso de Mujica es fácil de entender. Pone pasión en sus palabras, explica hechos de su vida y experiencias propias que lo hacen ameno. A veces incluso adopta un tono poético. Y hace referencia a temas de los que normalmente no se habla en las Naciones Unidas: el amor, la vida, el tiempo libre, la defensa de la austeridad, la crítica al despilfarro y al consumo desmedido...

Por otra parte, sus palabras también son muy duras y directas; a veces incluso transmiten rabia. Incide con contundencia en algunas expresiones, riñe con la autoridad que le dan los años. Él mismo dice que quizá es demasiado derrotista. Pero ¿es pesimista? Mujica es un hombre que asume su pasado, un pasado nada fácil, que critica el presente por injusto e insolidario y al mismo tiempo se preocupa por el futuro de la humanidad, a sus setenta y ocho años. Podría tratarse más bien de un pesimista luchador que nunca ha dejado de buscar la coherencia entre lo que defiende y lo que hace, ni de creer que vale la pena esforzarse para mejorar la vida de la gente.

1  MALALA YOUSAFZAI  MI HISTORIA ES LA HISTORIA DE MUCHAS CHICAS
Comentario de Clara Fons Duocastella // Ilustraciones de Yael Frankel // Edición bilingüe

2  SI'AHL / TED PERRY  CADA PARTE DE ESTA TIERRA ES SAGRADA PARA MI PUEBLO
Edición y comentario de Jordi Pigem // Ilustraciones de Neus Caamaño // Edición bilingüe

3  SEVERN CULLIS-SUZUKI  HAGAN QUE SUS ACCIONES REFLEJEN SUS PALABRAS
Comentario de Alex Nogués // Ilustraciones de Ana Suárez // Edición bilingüe

4  JOSÉ MUJICA  SOY DEL SUR, VENGO DEL SUR. ESQUINA DEL ATLÁNTICO Y EL PLATA
Comentario de Dolors Camats // Ilustraciones de Guridi

5  WANGARI MAATHAI  PLANTAR ÁRBOLES, SEMBRAR IDEAS
Comentario de Laia de Ahumada // Ilustraciones de Vanina Starkoff // Edición bilingüe

6  STEVE JOBS  ATRÉVETE A SEGUIR TU INTUICIÓN
Comentario de Fran Pintadera // Ilustraciones de Matías Acosta // Edición bilingüe